27
Ln 10123

# BIOGRAPHIE

## DE

# J. JACOTOT

## LIBRAIRIE DE DENTU.

*On trouve chez M. E. Dentu, galerie d'Orléans :*

Tous les ouvrages de J. Jacotot énumérés page 27 de cette Biographie.

### A LA MÊME LIBRAIRIE :

ÉLÉMENTS DE STATISTIQUE HUMAINE, OU DÉMOGRAPHIE COMPARÉE, par Ach. Guillard, in-8°.

THÉORIE DE L'INFLORESCENCE, par le même, in-8°.

DE LA FORMATION ET DU DÉVELOPPEMENT DES ORGANES FLORAUX, par le même, in-4°, 3 pl. gravées.

Paris. — Impr. Bailly, Divry et Cⁱᵉ, rue N.-D. des Champs, 49.

# BIOGRAPHIE

DE

# J. JACOTOT

FONDATEUR DE LA MÉTHODE

D'ÉMANCIPATION INTELLECTUELLE

> Quand l'intelligence n'est pas libre,
> je ne vois pas ce qui le serait.
> JACOTOT.

PARIS

CHEZ E. DENTU, LIBRAIRE-ÉDITEUR
Galerie d'Orléans, 13.

PUBLIÉ PAR LES DISCIPLES
DE L'ÉMANCIPATION INTELLECTUELLE
1860

## AVIS DE L'ÉDITEUR

Ce travail sur la vie et l'œuvre de Joseph Jacotot a été fait pour la nouvelle *Biographie générale*, que publient à Paris MM. Firmin Didot. Mais il n'y a été inséré que par fragments. Les mutilations qu'il a subies ont-elles été opérées dans l'intention de rabaisser le mérite d'un bienfaiteur de l'humanité? Les yeux que l'*Émancipation* offusque sont-ils blessés de la gloire de son fondateur?... Nous ne voulons pas éclaircir ces questions, mais nous désirons constater que cette biographie de J. Jacotot est réellement inédite, puisqu'elle paraît pour la première fois dans son intégrité. Elle est due à la plume d'un docteur ès-sciences, membre de l'Université de France, savant connu par divers ouvrages de statistique et de botanique, c'est celui des disciples français de J. Jacotot, qui a le premier introduit et propagé le bienfait de sa méthode en France, il y a trente ans.

L'ÉDITEUR.

# BIOGRAPHIE
# DE J. JACOTOT

Fondateur de la Méthode d'Émancipation intellectuelle

---

JACOTOT (Joseph), illustre philosophe et instituteur français, auteur de la méthode d'*Émancipation intellectuelle* qui porte son nom, est né à Dijon le 4 mars 1770, et mort à Paris le 30 juillet 1840.

Il montra, dès l'enfance, cette indépendance d'esprit et cette vigueur de détermination qui, plus tard, réduites par lui en système d'éducation, le firent surnommer l'apôtre de la volonté.

Son père, Henri, ayant épousé la fille de Joseph Tardy, maître charpentier, avait quitté l'état de boucher, pour tenir les écritures de son beau-père. Chargé de onze enfants, il ne pouvait faire pour eux les frais d'une éducation libérale. L'aïeul maternel, J. Tardy, s'en chargea pour Joseph qui était l'aîné, et qui montrait une grande ardeur à s'instruire ; il lui fit suivre les classes du collége de Dijon. Ses maîtres ne trouvèrent d'abord en lui qu'un élève indocile et turbulent : il n'admettait rien sur leur parole, repoussait tout ce qu'il ne voyait pas clairement, refusait d'apprendre par cœur le texte des rudiments ; mais il gravait volontiers dans sa mémoire les passages des auteurs qui lui plaisaient le plus, et il en faisait des citations heureuses pour appuyer son sentiment dans les discussions scolastiques. Il montrait aussi, dès lors, ce mépris de la forme littéraire que l'on a critiqué dans ses ouvrages. Un jour, dans une composition pour les prix, il fit entrer un vers latin de sept pieds. Le professeur releva avec étonnement cette lourde faute dans une pièce dont il était d'ailleurs charmé. « Je l'ai fait exprès, dit l'enfant ; je pouvais rogner mon vers, mais je tronquais mon idée, et j'aime mieux manquer le prix. » Il l'obtint.

Il fut nommé à dix-neuf ans professeur d'humanités au collége de Dijon, et fut reçu docteur ès-lettres. Il obtint toute la confiance de ses collègues, qui, frappés de la fermeté et de la droiture de son caractère, lui confièrent les intérêts du corps en le choisissant pour leur procureur. Il voulut étudier le droit, se fit recevoir avocat et docteur; et se livra en même temps à de profondes études mathématiques. En 1788, il organisa la fédération de la jeunesse dijonnaise avec celles de Bretagne et d'autres provinces, pour la défense des principes qui devaient amener la révolution.

Lors de la formation du bataillon de la Côte-d'Or, il fut élu capitaine de l'une des compagnies d'artillerie, et il instruisit ses camarades avec tant d'autorité et d'habileté, que leurs exercices frappèrent d'étonnement plus d'un officier vieilli dans cette arme. En 1792, ils demandèrent à aller combattre les ennemis de la patrie. Le ministre de la guerre leur donna l'ordre de se diriger sur Paris. Ils trouvèrent à Vitteaux une bande de massacreurs de septembre, qui se portait sur le couvent des religieuses. Le jeune capitaine, par son intrépidité et celle de ses camarades, imposa à ces misérables, et les força de renoncer à leur odieux projet. Envoyé à l'armée du Nord, il prit part à la courte et glorieuse campagne de Belgique. Il paya de sa personne au siége de Maëstricht, à la Chartreuse, à Nerwinden, à la Montagne de Fer, donnant partout des preuves de valeur, notamment dans cette désastreuse retraite où il sut rallier ses hommes à la formidable *colonne infernale*, qui tint en respect l'armée victorieuse et assura le salut de la nôtre. A la bataille de Famars, que Dampierre livra malgré lui, et où il se fit tuer de désespoir, Jacotot défendit le clos de Sainte-Aldegonde, en masquant ses pièces au moyen de palissades et de terrassements élevés à la hâte; il soutint toute la journée les charges de cavalerie et d'infanterie et se retira n'ayant perdu qu'un homme. Au siége de Valenciennes, une large brèche ayant été ouverte après 41 jours de bombardement, la défense en fut confiée au capitaine Jacotot et à ses braves artilleurs; ils opposèrent aux attaques de l'ennemi un feu si bien dirigé et si meurtrier, qu'ils déconcertèrent ses projets, sauvèrent la ville et procurèrent à la garnison une capitulation honorable. Le général Tholozé, directeur des fortifications, tenta plusieurs fois d'attacher à sa personne l'artilleur dijonnais comme officier du génie; mais Jacotot ne pouvait se séparer de ses camarades, tant qu'il leur serait donné d'affronter les ennemis de la France.

C'est dans cette guerre qu'il se lia d'amitié avec les frères Defacqz, deux jeunes Belges d'une éducation distinguée, qui, poussés par des sentiments généreux, fuyaient leur patrie esclave pour aller offrir leurs bras à la République naissante. Leur mérite et leur bravoure leur avaient valu à tous deux le grade de capitaine de cavalerie. Cette liaison, fondée sur une estime réciproque, amena plus tard le mariage de J. Jacotot avec Marie-Désirée Defacqz, sœur de ces officiers.

La capitulation de Valenciennes obligeant les

débris de la garnison française à rester un an sans porter les armes, Jacotot dut ramener dans leurs foyers le petit nombre d'artilleurs dijonnais qui avaient survécu à tant de travaux, de périls et de privations.

Le ministre de la guerre, Bouchotte, l'appela alors à Paris pour suppléer, au bureau central des poudres et salpêtres, le chimiste Fourcroy, qui était chargé de vulgariser les procédés de la préparation du salpêtre et de la fabrication des poudres de guerre.

Les leçons de l'illustre chimiste, empruntées aux hautes théories, n'étaient pas toujours bien comprises des auditeurs peu instruits. Jacotot possédait, outre une incomparable netteté d'idées et une tendance pratique bien prononcée, l'art de modifier son langage selon l'état d'esprit de ceux qui l'écoutaient. Il remplit complétement l'attente du comité de salut public; et, en peu de mois, des centaines d'ouvriers, formés par ses leçons, qu'il accompagnait d'exemples manuels, purent être envoyés dans les départements avec une instruction suffisante, et y créer les moyens de défense dont on avait un urgent besoin. Ce service important fut récompensé par un message très-honorable de la *Commission d'organisation du mouvement des armées*, qui, en même temps, le nomma son secrétaire (30 thermidor an II). Ce poste éminent, qui le mettait en rapport journalier avec toutes les puissances de l'époque, pouvait lui ouvrir la route des honneurs et de la fortune ; mais l'ambition n'entrait pas dans cette âme noble et désintéressée. Il jugea qu'il se rendrait plus utile en rentrant dans la carrière de l'enseignement, à laquelle il s'était voué dès le principe. Il demanda et obtint la place de substitut du directeur de l'Ecole polytechnique (1er décembre 1794). C'est dans cette position qu'il épousa Désirée Defacqz, qui était réfugiée à Paris avec sa mère et sa sœur, dans un état voisin de la pauvreté.

Lors de la création des Ecoles centrales, cédant au désir de rentrer dans sa ville natale, il alla occuper à Dijon la chaire instituée sous le titre de *Méthode des sciences*. Sa manière d'enseigner était dès lors empreinte d'un grand cachet d'originalité. Il se bornait, pour tout discours, à énoncer simplement l'objet et les divisions de la discussion ; il donnait ensuite la parole aux élèves, les exhortant à prendre un parti motivé et à le soutenir avec une entière liberté ; il terminait par un résumé précis des sentiments émis et des arguments allégués. Ainsi, il ne façonnait point à son gré l'esprit de ses élèves, mais il les poussait à la vie et à l'action, et les mettait en état de s'avancer par leur propre travail, et de s'affermir par l'exercice assidu de leurs propres forces. Il s'y prit de la même manière pour donner l'impulsion à l'étude des langues anciennes et orientaes ; et les résultats qu'obtenaient ses nombreux disciples furent signalés par le ministre Fourcroy. Les Ecoles centrales ayant été remplacées par les lycées et les facultés, Jacotot, muni du grade de docteur èssciences, occupa les chaires de mathématiques transcendantes, puis de mathématiques pures et de droit romain, jusqu'à la chute de l'Empire.

Ses élèves se sont souvenus que, dans le Cours de droit, il s'attachait à démontrer que *toute la procédure est dans un article du Code.* Il était dès lors préoccupé de ce principe fécond d'analogie universelle, qui est une des plus larges voies de l'esprit humain, et qu'il a réduit à l'expression pittoresque : *Tout est dans tout.*

Lors de l'invasion de la France en 1814, le prince de Hesse-Hombourg, commandant d'un corps autrichien qui occupait la Côte-d'Or, saisi de on ne sait quelle terreur panique, enleva nuitamment de leur domicile Joseph Jacotot et un petit nombre d'autres citoyens éminents de Dijon, les transporta plus près de la frontière, et les tint sous garde militaire pendant plusieurs semaines. Quand on lui demanda la cause de cette violence contraire au droit des gens, il répondit qu'il prenait des otages pour s'assurer de la soumission des Dijonnais.

Vinrent les Cent jours : les Dijonnais voulurent porter Jacotot à la Chambre des Représentants; celui-ci n'approuvait point leur choix, et, au collége d'arrondissement, il réussit à faire nommer Vaillant à sa place; mais il fut élu au collége de département, où il n'avait pas entrée.

Sincère ami de la liberté, mais ne la concevant pas sous des rois imposés par l'étranger, il jugeait qu'un grand succès militaire pouvait seul sauver la France d'une nouvelle invasion; aussi prit-il parti à la Chambre avec le petit nombre de ceux qui soutenaient ouvertement l'Empereur constitutionnel. Nommé rapporteur de la commission pour le projet d'adresse proposé par Manuel, il fit adopter, avec cette adresse amendée, le vote en faveur de Napoléon II. La réaction sanguinaire qui intronisa la seconde restauration ne lui permit pas de retourner à Dijon; il y fut destitué de ses chaires et rayé du tableau des avocats. Poursuivi comme ennemi de la légitimité, menacé de perdre la liberté et la vie, il quitta la France avec sa femme, ses deux fils et sa jeune sœur, à qui il servait de père. Retiré à Mons, puis à Bruxelles, il y vécut dans l'intimité de plusieurs conventionnels, donnant des leçons particulières pour remplacer les ressources dont l'expatriation l'avait dépouillé. Le ministre Falk, ayant voulu nommer Arnault à une chaire universitaire, celui-ci refusa en disant : Vous avez ici quelqu'un beaucoup plus apte que moi à remplir le poste que vous m'offrez : c'est Joseph Jacotot, l'homme le plus éloquent que je connaisse. Cette noble recommandation eut son effet, et elle fut justifiée par l'éclat extraordinaire que Jacotot sut donner à son enseignement public. Il fut nommé, le 15 octobre 1818, lecteur pour la langue française, à l'Université de Louvain. C'est de cette époque qu'il a daté lui-même la fondation de sa méthode en Belgique.

Cette méthode, dont le principe et les procédés sont uns quoique distincts, a été exposée en diverses langues par une foule d'auteurs de tous les pays où elle a retenti. La plupart, frappés de la nouveauté des procédés qu'elle recommande, n'en ont vu que la partie matérielle, pour ainsi dire, et, détournant l'attention du principe moral qui la constitue, ils ont égaré ceux qui les suivaient, en ne leur donnant qu'une idée fausse, incomplète ou parodiée de la méthode qu'ils prétendaient faire connaître. Ainsi ont été amoindris et retardés les fruits qu'elle devait produire. Après l'avoir expérimentée trente ans, d'abord sur nous et sur notre famille, puis sur un nombre très-considérable d'individus de tout sexe et de tout âge, nous devons reconnaître que, pour en donner l'idée la plus exacte, il convient de puiser exclusivement dans les écrits de son fondateur.

La méthode d'Emancipation intellectuelle a pour principe et pour but *l'étude et la connaissance de soi-même*. Puisque nos idées et nos sensations sont tout intérieures, puisque nous voyons tout en nous, c'est nous-même que nous devons perpétuellement étudier. Nous serons arrivés au suprême degré de la connaissance, quand nous nous connaîtrons complétement. Nous devons donc nous rendre compte de notre état intellectuel et moral, de nos moyens d'action, des influences qui agissent incessamment sur notre liberté, et démêler, dans leurs effets complexes, ces diverses causes combinées. Cette méthode n'est autre que l'application universalisée de la *Méthode d'observation*, qui nous a donné toutes nos connaissances positives, qui a épuré et fécondé toutes les sciences modernes. Son résultat le plus précieux est de changer le métier en art, et la science en méthode d'invention.

Elle dérive de la nature même de l'homme.

Partant de cette définition, *l'homme est une volonté servie par une intelligence*, J. Jacotot dit au travailleur : Tu es un homme comme un autre ; rends-toi compte des procédés que tu emploies dans ta profession ; sache ce que tu fais, et propose-toi de le faire toujours mieux.

Il dit à celui qui veut s'instruire : Tu es un homme comme un autre ; tu as appris jusqu'à présent une foule de choses ; il y en a que tu sais très-bien ; remarque comment tu es venu à les savoir, et emploie les mêmes procédés pour celles que tu veux apprendre encore.

Il dit au professeur : Ton disciple est un homme comme toi ; rien ne t'autorise à subordonner son intelligence à la tienne. Tu ne peux agir utilement pour lui que *par sa volonté* : ne songe donc qu'à l'exciter et à la soutenir ; sois auprès de lui un simple témoin des faits sur lesquels il doit exercer son jugement libre et sa réflexion.

Il dit à tous ses semblables des *deux sexes* : Tu es *homme*, c'est à dire membre d'une société où tu dois concourir au bien : veuille faire le bien toujours comme tu as la conscience de l'avoir fait quelquefois.

C'est ainsi que Jacotot combat la *routine*, qu'il regarde avec raison comme la plus dangereuse ennemie du progrès des sciences et de la société, et qu'il flétrit sous le nom d'abrutissement. Il y a deux sortes de routines : la routine individuelle, que chacun contracte par affaissement d'esprit, et la routine générale ou sociale, qui est inoculée et entretenue par l'enseignement tant public que particulier. La Méthode est destinée à les combattre toutes deux, et elle fournit la seule arme qu'on puisse employer pour les vaincre : cette arme est la *liberté d'esprit* (1).

L'enseignement produit, entre autres, ce très-

(1) Il peut sembler singulier que Jacotot, qui connaissait si bien le mal que l'enseignement fait à l'esprit humain, et qui a, on peut le dire, consacré sa vie à y appliquer le remède, ait d'abord intitulé sa méthode *Enseignement universel*. Si ce n'est pas une de ces piquantes moqueries auxquelles il se livrait volontiers et souvent, c'est peut-être une simple distraction,

grand mal de jeter la routine dans le domaine auquel elle serait naturellement le plus étrangère, — le domaine de la science. C'est par là qu'aidé de la superstition, l'enseignement a retardé de plusieurs siècles le réveil de l'intelligence humaine. Jacotot poursuit sans cesse cet abus de l'influence de l'homme sur l'homme, de celui qui se croit savant sur celui qui se sait ignorant, et il le relève avec ce coup de fouet vibrant, cette raillerie mordante sans âcreté, qui caractérisent sa manière d'écrire :

« Tout homme qui est enseigné n'est qu'une moitié d'homme. » (Lettre à Lafayette.)

De sa longue et multiple expérience (il avait enseigné toutes les principales branches des connaissances humaines), Jacotot conclut que, lorsque l'homme de bonne volonté semble pécher par l'intelligence, c'est la mémoire ou l'attention qui lui fait défaut. En conséquence, pour exercer perpétuellement l'une

qui prouverait, par son propre exemple, la vérité d'un de ses axiomes favoris : *Quand tu te trompes, ce n'est pas que tu sois bête, c'est que tu es distrait.*

et l'autre, il conseillait la *répétition quotidienne* et la *vérification*. Dès les premières séances de son cours public, à Louvain (c'est lui-même qui le raconte), il s'aperçut que, parmi les auditeurs qui remplissaient la salle, un certain nombre ne le comprenait pas du tout. C'étaient des Flamands et des Hollandais. Il leur indiqua une édition du *Télémaque* qui portait, en regard du texte, une traduction hollandaise ; il les engagea à apprendre par cœur le premier livre, à le répéter tous les jours, à se rendre compte de ce qu'ils répétaient, à raconter simplement les livres suivants, et enfin à parler comme les personnages que produit Fénelon. Au bout de quelques jours, il constata que ceux qui avaient suivi ses conseils comprenaient parfaitement ses discours. Il vit ensuite, et il en fut surpris, qu'en continuant avec persévérance les mêmes exercices sans aucune explication de sa part, ces Flamands arrivaient à parler et à écrire comme parlent et écrivent les Français, et que, de plus, ils faisaient d'eux-mêmes la théorie du peu de conjugaison et de syntaxe que comporte notre langue (*Langue maternelle, Post-script.*). Le même principe et les mêmes procédés, appliqués à la musique, à la peinture, à la sculpture, aux mathématiques, à la lecture, à l'écriture, etc., donnèrent les mêmes résultats.

La répétition quotidienne, maintenue tant que l'on veut apprendre, et la vérification libre de l'objet répété et de tous autres *que l'on y rapporte* sans cesse, forment le mécanisme propre à la méthode Jacotot, spécialisée comme méthode d'instruction. La répétition d'une seule chose, faite par un esprit libre, est d'une fécondité dont nul ne peut trouver les bornes, et dont on ne se fait pas l'idée si on ne l'a éprouvée. Avec cet exercice, le succès est certain en tout genre de travail ; des faits innombrables le démontrent : avec cette boussole, on ne peut échouer contre les écueils de la paresse dans l'étude, ou de la maladresse dans les arts ; avec cette arme, on ne peut être vaincu, soit que l'on lutte contre l'ignorance ou contre les préjugés qu'elle enfante et qui la maintiennent.

Jacotot vit que sa découverte convenait principalement à l'éducation de famille, parcequ'en général les pères et mères sont libres, sinon dans l'espèce des connaissances que leurs enfants doivent posséder, au moins dans le choix des moyens propres à les leur faire acquérir. Il la présenta aux familles de tous les pays, et il voulut l'offrir comme un bienfait; en conséquence, il résolut de n'en tirer pour lui aucun lucre, même le plus léger, et il a tenu cette généreuse résolution avec scrupule jusqu'à la fin de ses jours. Pendant vingt-deux ans, il a vu accourir auprès de lui, tant à Louvain qu'à Valenciennes et à Paris, des consulteurs de tout pays et de toute classe ; il appelait sans cesse et surtout les pauvres, pour les convaincre qu'eux et leurs enfants pouvaient, sans aucuns frais et sans aide étrangère, apprendre tout ce qu'ils voudraient étudier : riches et pauvres venaient pêle-mêle, et tous s'en retournaient charmés par sa bonté infatigable qu'aucune insistance ne lassait, et par sa parole lucide, abondante, incisive, qui raillait sans amertume et persuadait sans s'imposer.

Il souffrait, depuis 1816, d'un torticolis spasmodique qui l'obligeait à maintenir sa tête avec un bandeau : ses souffrances, qui devinrent très-grandes sur la fin de sa vie, n'altéraient point sa sérénité.

Il ne croyait pas que sa méthode pût être adoptée dans les écoles publiques, non qu'il niât les fruits qu'elle y pouvait produire — il offrait à tous les gouvernements « un moyen simple et économique de rendre les colléges cent fois plus utiles qu'ils ne sont » — mais il savait toute la force de résistance inerte de la routine organisée en corporations. Au reste, il ne refusait point ses conseils aux établissements qui les demandaient : il a dirigé lui-même l'épreuve qui fut faite à l'école normale des Cadets, par l'ordre du roi des Pays-Bas, épreuve à la suite de laquelle il fut décoré du Lion Belge. Les institutions de Marcélis et Deschuyfeleer à Louvain, de Séprés à Anvers, Deshoullières et Frèrejean à Paris, Guillard frères à Lyon, Tourrier à Londres, le gymnase de Deux-Ponts (Bavière), l'école des Cadets de la marine de Gatchina (Russie), sont les plus connues parmi celles qui ont adopté sa méthode et en ont recueilli et propagé les fruits (1).

Aussitôt après la révolution de 1830, Jacotot s'empressa de rentrer en France. Il séjourna sept ans à Valenciennes, pour ne pas s'éloigner de la famille de sa femme ; c'est là qu'il composa ce spirituel volume, boutade piquante et instruc-

(1) L'Université de France a fait récemment de louables efforts pour se l'assimiler, notamment par le règlement général du 7 septembre 1852. Dans le *Rapport* présenté à l'Empereur en 1853, par le ministre de l'Instruction publique, on lit, entre autres choses utiles : « Il fut ordonné aux professeurs d'instruire
« leurs élèves des secrets mouvements de la pensée, *non plus comme*
« *autrefois*, par de longues expositions qui pouvaient ne mettre
« en travail que l'esprit du professeur, mais, suivant l'exemple
« que quelques maîtres excellents ont renouvelé de Socrate, par
« des interrogations qui à chaque instant font participer l'intel-
« ligence des élèves à l'analyse, et, pour ainsi parler, à la dé-
« couverte des lois de la raison. » Le ministre signale encore la *récitation intelligente*, l'exercice de la *réflexion* accompagnant toujours celui de la *mémoire*, les *opérations pratiques venant aboutir à la théorie*, etc.

tive, malgré le sérieux du titre, *Droit et philosophie panécastique*. C'est le dernier ouvrage qu'il ait publié. Il revint en 1836 à Paris, où il finit ses jours. Un monument fut élevé à sa mémoire au cimetière de l'Est, au moyen d'une souscription en tête de laquelle s'inscrivit le ministre de la guerre. Ses traits empreints de vivacité, de distinction et de bienveillance, ont été reproduits par Dantan et par M$^{me}$ Rude.

Ses ouvrages sont: *Enseignement universel, Langue maternelle*, in-8°, 1823, Louvain et Dijon; 7$^{me}$ éd., Paris 1852, Dentu; deux traductions Allemandes — *Langue étrangère*, Louvain, 1824; 7$^{me}$ édit 1852. — *Musique, dessin et peinture*, Louvain, 1824; 4$^{me}$ édit. 1852. — *Mathématiques*, Louvain, 1828; 3$^{me}$ édit. Paris 1841. — *Droit et philosophie panécastique*, Paris, 1835; 2$^{me}$ édit., 1841. — *Mélanges posthumes*, Paris, 1841. — Un grand nombre d'articles piquants et instructifs, insérés au *Journal de l'Émancipation intellectuelle* publié de 1829 à 1842 par ses deux fils, le docteur H. Victor et l'avocat Fortuné Jacotot.

Dans le nombre immense des ouvrages et brochures suscités par la célébrité de la méthode, on peut distinguer : *Sommaire des leçons publiques de M. Jacotot, par S. V. D. W.*, in-12, 1822, Louvain. — *Simple exposé et Rappel de la méthode Jacotot (par A. Guillard), et Télémaque en cinq langues*, 1829 et 1830, 5 vol. in-12, Lyon, Louis Babeuf. — *Résumé des principes et des exercices*, par Deshoullières, in-12, 1830, Paris. — *De la connaissance de soi-même*, dans les actes du congrès scientifique de Lyon. — *Lettres sur l'éducation*, par P. F. Devaureix, directeur général de la Providence agricole, in-8°, Paris, 1842. — *Le Moniteur des Familles*, par Wurth, 1844, Liége. — *Intellectual Emancip.*, by B. Vidal. — *Considérations sur l'organisation des colléges*, par le Professeur Baguet, membre de l'Académie des sciences de Belgique, Louvain, 1845, et autres travaux insérés dans les Bulletins de l'Académie jusqu'en 1856. — *Manuel de l'Émancipation intellectuelle, extrait des écrits du fondateur*, par ses fils F. et H. Victor Jacotot, in-8° et in-18, Paris. — Il existe à Paris une *Société d'Émancipation intellectuelle* qui tient séance mensuelle à l'Hôtel de Ville; une aussi en Belgique, présidée par le célèbre astronome Quetelet, et faisant des publications pour l'instruction populaire.

Achille GUILLARD,
Docteur ès-sciences.

---

*Sources consultées, outre les œuvres de Jacotot :*

Archives de la famille Jacotot; notice inédite de A. N. Lelennier; Rapport au ministre, par M. Kinker, commissaire royal; Rapport à M. de Vatisménil, par F. M. Baudouin; Rapport à l'amiral de Krusenstern, par le comte de Chabot, in-8°, Pétersbourg, 1836; Journal de l'Émancipation intellectuelle, 1829-42, 6 vol. in-8°, Louvain et Paris. Revue trimestrielle, Bruxelles, Firmin Lebrun, 1853-56.

# LETTRE

DU FONDATEUR DE L'ENSEIGNEMENT UNIVERSEL

## Au général Lafayette [1].

Mon cher et ancien collègue,

J'ai reçu votre longue et aimable lettre. Je pense comme vous qu'il serait peut-être encore plus difficile d'établir l'enseignement universel dans les États-Unis qu'en France. Aussi, je ne propose point de faire aucune démarche pour cela. Je désire simplement que M. Quincy Adams sache que chaque famille peut s'instruire sans le secours des maîtres explicateurs. Je désire qu'il apprenne cette nouvelle par vous. Puisque, sans connaître notre méthode, vous en connaissez les résultats, puisque vous ne doutez pas plus de ma sincérité que M. Quincy Adams ne peut douter de la vôtre, apprenez-lui la nouvelle de l'Émancipation intellectuelle; il jugera ce qu'il en doit faire. Voilà le langage que j'ai tenu au roi des Pays-Bas; je n'ai pas été compris, mais je ne cesserai point de le

---

(1) Cette lettre n'ayant pu, malgré notre désir, être publiée intégralement en fac-simile, nous l'imprimons pour ne pas priver le lecteur d'un morceau précieux, qui, dans sa familiarité, fait connaître l'âme et l'esprit du grand philosophe beaucoup mieux que les trente pages qui précèdent. (A. G.)

répéter : tout homme peut tout apprendre sans maîtres explicateurs. C'est une découverte importante pour chaque famille ; elle n'est pas inutile pour un corps social.

Une famille peut désormais recevoir de son chef (instruit ou ignorant) toute l'éducation que les enfants paient si cher, et acquièrent avec tant de peine et de temps à l'aide des explicateurs. Je désire qu'on connaisse ce fait ; il est, à Louvain, sous les yeux de tout le monde. Si les citoyens des États-Unis apprennent cette nouvelle, comme ils sont libres, ils pourront faire la tentative. Je n'en demande pas davantage.

Mais encore faut-il qu'ils osent essayer : et comme tout cela repose sur une opinion proscrite également par les libéraux et par les autres, comme le préjugé de la nécessité d'un maître explicateur règne à Boston comme à Paris, je vous prie de dire de ma part à M. Quincy Adams que ses compatriotes sont dans l'erreur à ce sujet, aussi bien que les savants et les obscurants de France. L'expérience réussit à Louvain depuis dix ans : les maîtres explicateurs sont inutiles. Voilà la grande nouvelle, débitez-la ; je vous la recommande, surtout pour les pauvres.

Quand le roi des Pays-Bas a voulu établir l'enseignement universel dans son royaume, je prévins ce prince que les explicateurs seraient plus puissants que sa volonté ; et que, dans le cas où il voudrait émanciper les familles belges de la tyrannie des explicateurs, il fallait commencer par les éloigner de sa personne. Il ne l'a pas fait, et le projet philanthropique de ce monarque n'a pas réussi ; mais l'école normale militaire m'a fourni l'occasion de répandre le bienfait. Il n'en serait pas de même aux Etats-Unis. Il s'agissait, dans les Pays-Bas, d'engager les Belges à s'émanciper du joug honteux des explications, et le roi n'a pas pu les arracher à la domination des préjugés de leurs pères. A Boston, je pense qu'il suffirait que la nouvelle fût publiée par M. le Président. Chaque citoyen, je le suppose, sent assez sa dignité d'homme pour désirer l'indépendance intellectuelle. Or, ils ne l'ont pas plus que nous : ils croient qu'ils ont besoin de maîtres explicateurs, ils ne savent point ce dont ils sont capables (chacun par soi-même). Je désire qu'on le leur dise. Une publication officielle de *ce fait* répété mille fois en Belgique suffirait. Essaiera qui voudra, mais je pense qu'il est du devoir de l'autorité d'annoncer une nouvelle de cette espèce.

Il ne s'agit pas de prôner, d'exalter les résultats de l'Émancipation intellectuelle ; il suffit de raconter le fait. Les méthodes explicatrices se subdivisent en bonnes et en mauvaises ; chacune se place sans façon au rang des bonnes. Elles se disputent à qui formera le genre humain. Je ne me mêle point de ces graves discussions entre les bergers qui se disputent le troupeau, j'en ris. Je viens, au milieu de ces Messieurs, dire au troupeau qu'il ne tient qu'à lui de briser toutes les houlettes explicatrices, et de se passer des bonnes comme des mauvaises méthodes. Or, ce troupeau, qu'on appelle genre humain, demande à ses bergers si j'ai raison de dire qu'il pourrait se passer d'eux. Aussitôt les bergers forment une commission, et ils décident qu'ils ont raison de gouverner. Alors, le troupeau soumis, répète, en bêlant, cette explication décisive, et reste pour toujours à la disposition des bonnes explications.

Cet état est humiliant, me semble-t-il, surtout pour un peuple libre. Les citoyens des États-Unis ne se doutent guère qu'ils croupissent dans cette fange européenne. Je désire qu'ils l'apprennent. M. le Chargé d'affaires en Belgique a déjà fait près de moi une démarche dans cette intention ; il m'a envoyé, par un de ses concitoyens, le portrait de Washington avec prière d'instruire le porteur dans notre méthode : malheureusement le jeune homme ne savait pas assez de français pour me comprendre, et je n'ai pas pu remplir les intentions de M. le Chargé d'affaires de la république.

Mais je suis toujours prêt à m'acquitter du précieux cadeau qu'il m'a fait en me donnant l'image du héros désintéressé ; ceux-là sont rares. Dites donc, je vous prie, à M. le Président ma résolution à ce sujet, et mon but sera rempli.

Je vous remercie de tout ce que vous me dites d'obligeant au sujet de la méthode. Vous me conseillez de faire des démarches pour la publication de la chose ; je ne puis rien faire là-dessus. M. de Lasteyrie l'a dit après avoir vu. Un de mes disciples m'a écrit que M. Laffitte, notre ancien collègue, s'intéressait à l'enseignement universel, je lui ai donc recommandé la propagation de ce bienfait pour les pauvres. Vous l'avez annoncé à la chambre des députés ; ceux d'entre eux qui connaissent les obligations d'un mandataire du peuple, feront leur devoir en publiant le fait, voilà tout. Les Français ne pourront pas s'excuser de leur apathie; s'ils ne veulent pas rompre leur longe, qu'ils restent sous la cravache explicatrice, je n'en peux mais. Un jour on leur expliquera par l'enseignement de Saint-Acheul, un autre jour par l'enseignement mutuel, un autre jour par un autre enseignement, ce qu'ils doivent faire, ce qu'ils doivent croire.

Tout homme qui est enseigné n'est qu'une moitié d'homme. Partout où il y a des écoliers, il y a des maîtres. Quand l'intelligence n'est pas libre, je ne vois pas ce qui le serait. Avis aux Américains. On peut être indépendant sans être libre; l'indépendance est relative, la liberté est absolue. Je suis indépendant quand je n'ai pas de maître, c'est le fait d'un autre; je suis libre quand je ne veux pas de maître, c'est mon fait. Pour que cette volonté soit ferme, stable, invariable, il faut sentir ses forces, toutes ses forces, non-seulement morales, mais intellectuelles.

Celui qui croit avoir besoin d'explication, sent sa faiblesse d'intelligence; voilà la racine de toutes les supériorités jusqu'à celle du sophi. Quiconque admire Newton comme intelligence supérieure a déjà l'esclavage dans l'âme; celui qui l'admire comme un homme laborieux et qui le respecte comme un citoyen utile, sent sa propre dignité, et marche ainsi l'égal du grand homme qu'il honore en le louant.

Peut-on arriver à ce point? c'est ce que je n'examine pas. La société sera-t-elle perfectionnée tant qu'elle n'admettra pas ces principes? Non. Mais que faut-il faire?

Le voici : il faut travailler pour l'avenir ; il faut perfectionner la famille qui est la base de l'ordre social. Il faut que, dans les foyers domestiques, on exerce l'intelligence en la débarrassant de toute explication abrutissante. En effet, puisqu'il est démontré, à Louvain, que les explications sont inutiles, il est clair (comme je l'ai écrit au roi qui m'a consulté) qu'elles sont dangereuses. L'homme n'a-t-il pas assez de besoins, pour lui faire croire à des besoins qu'il n'a pas? Que si cette amélioration dans les familles n'améliore pas la nation, c'est que la perfectibilité du genre humain est une chimère. Si les hommes doivent se perfectionner un jour, ils n'en seront pas redevables aux bonnes méthodes. Chacun de nous sait ce qu'il faut faire pour cela ; et dès qu'un homme demande une méthode, un explicateur, un maître, il est esclave, il est abruti.

Il serait singulier que tout cela ne fût pas plus compris en Amérique qu'en Europe ; enfin j'en veux faire la tentative. Je profite donc de votre offre obligeante, et je vous prie de prévenir du tout M. le Président des États-Unis en l'assurant de mon profond respect.

Agréez le témoignage de ma constante amitié.

J. JACOTOT.

Louvain, 26 septembre 1828.

Il serait singulier que tout cela ne fut pas plus compris en Amérique qu'en Europe; enfin j'en veux faire la tentative je profite donc de votre offre obligeante et je vous prie de prévenir de tout Monsieur le Président des États-Unis en l'assurant de mon profond respect.

Agréez le témoignage de ma constante amitié.

J. Jacotot

www.ingramcontent.com/pod-product-compliance
Lightning Source LLC
Chambersburg PA
CBHW060517050426
42451CB00009B/1037